AIGLE ET POULET.

APPENDICE

A

l'Histoire de mon Temps,

PAR

P. L'OISEL,

Licencié-ès-lettres, Lauréat académique, Membre de la Société-Impériale d'Emulation du Finistère, Habacuc de la presse bonapartiste depuis 1826, Auteur du Livre sous presse :

L'EMPEREUR NAPOLÉON-TROIS DEVANT L'UNIVERS.

« Les dissipations du règne de Louis XV, les orgies
» de ce temps égoïste et funeste ont produit la généra-
» tion étiolée des gentilshommes frusteaux chez laquelle
» les manières seules survivent aux grandes qualités
» évanouies. »

H. DE BALZAC.

Prix : Un franc.

COMPTOIR DE LA LIBRAIRIE DE PROVINCE,
50, RUE JACOB,
PARIS,
Et chez tous les Libraires de la France et de l'Etranger.

NOVEMBRE 1859.

AIGLE ET POULET.

Aux six mille Propagateurs de mes Poésies bonapartistes
des mois d'Août et de Septembre 1859,

SOUVENIR RECONNAISSANT.

P. L'Oisel.

Lille, le 14 Novembre 1859.

AIGLE ET POULET.

APPENDICE

A

l'Histoire de mon Temps,

PAR

P. L'OISEL,

Licencié ès-lettres,

Auteur de Pamphlets et Poésies bonapartistes.

« Les dissipations du règne de Louis XV, les orgies
» de ce temps égoïste et funeste ont produit la généra-
» tion étiolée des gentilshommes frusteaux chez laquelle
» les manières seules survivent aux grandes qualités
» évanouies. »

H. DE BALZAC.

Prix : Un franc.

COMPTOIR DE LA LIBRAIRIE DE PROVINCE,
50, RUE JACOB,
PARIS,
Et chez tous les Libraires de la France et de l'Etranger.
1859

PRÉFACE

TIRÉE

Du Tome IV des Œuvres de feu mon honorable ami M.r A.-V. ARNAULT,
Membre de l'Institut-Impérial,

LIVRE VIII, FABLE 3.

L'Aigle et le Coq de Clocher.

Un aigle va se percher
Sur la pointe d'un clocher,
Sur la croix, sur l'oiseau qui fit pleurer l'Apôtre.
« Plus haut que nous qui donc ose ici se nicher ?
» La première place est la nôtre, »
Lui dit le mannequin : « Notre droit est connu.
« Ici, nous sommes nés ; et vous, quel est le vôtre,
« Mon ami ? » — Mon poulet, moi j'y suis parvenu.

Lille, Imp. A Béhague.

AIGLE ET POULET.

En l'an huit de la Résurrection de l'Empire — quand, depuis dix années, un Bonaparte digne de son nom et de sa fortune gouverne la France — singulier démenti des prévisions de tout homme sage, la représentation de la plus incroyable comédie vient d'être préparée à quelques lieues de nos frontières septentrionales : au Joas quadragénaire du Journal des radôteries, à M. le Comte de Chambord dont le Languedoc siffle les récentes escapades, il n'aurait (dit-on) manqué — hier — que l'autorisation du Bourgmestre d'Arnheim et quelques cabotins pour jouer son rôle « d'*Henri-Quatre-Second* »....., déja risqué à Wiesbaden dont le principicule-étuviste s'appliquait à soutirer l'argent des amateurs nomades de scènes héroï-comiques. L'on dirait que, infatué de chimères héréditaires, végétant dans une sphère d'idéalités saugrenues,.. « *in causas malorum rediturus..* », ce pitoyable roi des fantômes qui nous croit sa chose et sa propriété mobiliaire en perpétuelle mouvance, ignore complètement que — dès le lendemain du Deux-Décembre — en vue de bien constater à la face du monde entier l'inanité des prétentions contraires au droit national submergé passagèrement mais non aboli dans le reflux de notre gloire, le Gouvernement issu du suffrage-universel a fait publier dans le MONITEUR les protestations ou toquades d'Epiménides politiques de Vienne et de Jersey. Dites-le donc bien vîte à votre Prétendant, vous dont il est dans ses pérégrinations l'amusement, le fétiche, la dupe — ses voyages de postulant deviennent dangereux et inconciliables avec la dignité que sa personnalité et votre faction s'attribuent. Dites à votre prince de l'exil que, pour prix de ses apparitions sur nos frontières et en-deçà, il n'a obtenu que le stérile avantage d'une surprise grotesque ou le haro d'une pitié tant soit peu méprisante, puis du vent. Le petit nombre d'actes voyants commis par votre *client* et de mots que ses Beugnot lui prêtent usurairement, n'a rien ajouté ni rien ôté, n'ajoutera plus et n'ôtera plus rien, à l'opinion qu'il a donnée de son caractère par une... défaillance, par son absentéisme volontaire des rendez-vous qu'il avait, lui-même et spontanément, assignés à ses preux. Le Chantre de Gabrielle avait vaincu le Ligueur et l'Espagnol, il avait renforcé ses droits contestés d'une série de bienfaits publics, d'un cortége de victoires, de grands traits d'esprit français, il passait sinon pour le plus tendre des Maîtres du moins pour le plus tolérable de ses compétiteurs au pouvoir suprême,.... quand il acquit Paris pour une messe : donc, après les ballades et les triolets renouvelés du Béarnais, le prince-ténor devait monter à cheval, jouer au héros, vaincre ou mourir, et surtout craindre de rappeler à une nation valeureuse et maligne cette exclamation de Florian :

« Ah! combien de Césars devenus Laridons ! ».

Au guignon d'être suspect d'impuissance physique et de violence morale parce qu'homme incomplet et prince sans force, il fallait à tout prix éviter d'ajouter un stigmate de poltronnerie, après ce mot de Lord Aberdeen : « La cruauté est fille de la lâcheté. ». Mais Son Altesse.... in partibus.... appartient à une famille devenue (depuis la galante intrusion de Concini) sujette à de fatales peurs ; et ce péché originel suffit pour expliquer le rejet d'une dernière chance offerte, en 1851, à ce lymphatique coureur de couronne par la fortune qui allait le livrer corps et âme au plus cruel bourreau qu'on sache de nos jours : au ridicule ! D'ailleurs, et en toutes choses, M. le Comte de Chambord apparait la conséquence forcée d'une situation fausse, d'une éducation anti-française, d'un vertigo chronique de conseillers rabougris, à ce point que ses circulaires pour l'ancien régime sont superflues. L'on cherche vainement, dans la guinguette cavalière du Prétendant, des publicistes en crédit, des philosophes qui voient loin et profond, des hommes-d'État ou de raison ou d'inspiration ou de science, des talents éprouvés, des expériences constatées, des influences acceptées, de grandes probités et des importances considérables qu'aucune témérité n'inquiète, qu'aucun élan n'entraîne, qu'aucun revers n'abat, exempts de passion et de fanatisme et de préjugés, unis par une communauté d'idées, de vues, de doctrine, d'intérêts, de souvenirs, de croyances, d'espérances et de sacrifices, sous la main d'un prince habile à conserver, protéger, gouverner, améliorer : à Arnheim, comme à Wiesbaden et à Frohsdorff, autant de paladins, autant de visionnaires ; autant de bonnets, autant de pavillons, autant de ces célébrités voisines de l'épouvante que la guerre civile grandit dans l'exécration et l'horreur même de leurs complices. Autour d'un simulacre de chef, sans volonté décise, sans plan fixe, sans énergie, l'on ne trouve que de vaniteux casse-cous en quête d'expédients les plus cocasses, d'immenses niaiseries qui ne proposant rien de possible ni d'essayable vantent comme des démonstrations de force certaines tentatives imperceptibles ou dédaignées d'agitation, des avidités insatiables, des ambitions stylites étendant leur ombre léthargique sur un anachorète de l'hymen et de la royauté, sur M. Henri-Dieudonné d'Artois ès-Capets,... — selon les dires et actes de la Maison d'Orléans — enfant supposé, selon les puritains de l'Union-Ligueuse — fils du Duc de Berry et de l'Héroïne de Blaye, dame de fameuse fécondité; neveu du pauvre prince Antoine Duc d'Angoulême, le jouet et le terne écho de ses menins; petit-fils du Roi-Chevalier que l'Europe, Charette et l'histoire avaient flétri longtemps avant 1830; descendant du farouche convertisseur des Cévennes, de ce signataire du Traité d'Utrecht de l'an 1711 — traité qui contenait la clause suivante assez malencontreuse pour l'honneur du *Grand-Roi* : « Le Roi Très-Chrétien fera raser les fortifications » de la ville de Dunkerque, combler le port, ruiner les écluses » qui servent au nettoiement du port, le tout à ses dépens, et » dans le terme de cinq mois après la paix conclue et signée, » savoir : les ouvrages de mer dans l'espace de deux mois, et » ceux de terre avec lesdites écluses dans les trois mois suivants, » à condition encore que lesdites fortifications, les écluses et le » port ne seront jamais rétablis. ».

Nous croyons devoir recommander la citation qui précède et la scolie qui suit, aux méditations de grands et petits journaux légistes du droit divin, légitimistes « de position suivant bail », qui nous semblent obéir à une même consigne en vouant leurs colonnes à un panégyrique de plus en plus insolemment mensonger de la famille des Bourbons :

« Louis-Quatorze est le même prince qui, antérieurement à la » signature du Traité d'Utrecht susdit, au passage du Rhin, » gémit de sa grandeur qui (selon Boileau) l'attache au rivage ; le » Héros qui s'étant mis en route pour Pignerol, s'avance d'Embrun à Mont-Dauphin, puis — le lendemain — entre Guillestre » et Château-Queyraz, rétrograde parce que (comme la tradition, » l'histoire et un monument de ce canton le rapportent) *le Roi a* » *eu peur*..... peur sur une route sans périls, dans l'un des sites » les plus magnifiques des Alpes Européennes vers la Chapelue

» et le Tourniquet ! Si ce personnage reste superlativement » grand entre les hommes de sa race, quels nains ceux-ci sont-ils » donc ? Que valent-ils moralement ? »

Un écrivain qui n'est pas suspect aux monarchiens de vieux style, H. de Balzac, répond ainsi : « C'est une question qu'on » peut se faire dans plus d'un salon de Paris, en entendant » annoncer plus d'un grand nom de France et voyant entrer un » homme petit, fluet, mince, qui semble n'avoir que le souffle, » ou de hâtifs vieillards, ou quelque création bizarre chez qui » l'observateur recherche à grand-peine un trait où l'imagination » puisse retrouver les signes d'une ancienne grandeur. »

Et maintenant, est-il besoin d'ajouter cette observation que les haines semées, dès son berceau, dans l'âme de M. le Comte de Chambord, ont, comme les fureurs de son entourage, leur acerbe représentant dans cet infatigable solliciteur des puissances jalouses de la France, dans ce tiers-végétatif du saint-trèfle que complètent Dom Miguel et le Montemolin ? N'est-il pas éternellement jeune l'adage : « *Molles nascuntur mollibus et malis.* » ?

Que MM. de Blacas, de Fitz-James, d'Escars, de Lorges, plus ducs que citoyens, s'estiment, en espérance, qui Grand-Prévôt de Paris, qui les Gouverneurs « des douze provinces du Journal » des Villes et des Campagnes », retaillées en plein drap d'une France fabuleuse ignominieusement retombée dans les limbes d'une féodalité ; qu'un Balbus de sacristie à l'éloquence féroce s'arme de rigueurs salutaires pour sa future dictature de l'Inquisition religieuse, civile et domestique de catégories renouvelées de 1815 par édit daté du Louvre au lendemain d'une Restauration ; que M. de Montalembert sourie devant son miroir au futur Légat à latere dans la province des Gaules ; que dans le secret de saturnales vertumnales, tel débitant frénétique de périodes sonores s'admire sous la simarre du sombre Michel Le Tellier ; que les atones et incolores parodistes des frivolités et des audaces étincelantes des roués de l'ancien Œil-de-Bœuf se délectent à calomnier, vilipender, dénigrer ce que nous savons de plus respectable au monde; la petite colère, les rêves maladifs..... « *velut ægri somnia* »..., les machinations de ces Epiménides occupent fort-peu les esprits dans l'Empire : le début de cette misérable folie date de si loin!...., l'impuissance en est si évidente!.... Découvrît-on, derrière les plus malheureuses suprématies du légitimisme, derrière les suppôts les plus furibonds d'une réaction leur perpétuel mirage, les préparatifs d'attentats à la Cadoudal, cette découverte elle-même ne causerait pas encore de ces préoccupations notables qui interrompent le cours des affaires et des plaisirs : l'Empire a le sentiment de sa force et de son droit, il est beau comme l'Hercule au repos. En demeurant confiante en la fortune de l'Empereur, la France se sent plus vraiment religieuse que les énergumènes cagots qui, hier à Avignon, par leurs cris : « *Vive le Pape !* », sollicitaient, mais bien vainement, une protestation contre les décrets de 1790 et contre le Traité de Tolentino; la France se hérisse de sublime dédain pour les faméliques panégyristes des douceurs du *Bon-plaisir* tempéré par des émotions olygarchiques et des pendaisons de vilains, illustré par des débauches princières, bardé d'institutions qui (au profit d'une noblesse dédécorée et d'un clergé tenu à l'engrais d'un revenu de quelques cent millions) pressureraient le tiers redevenu de TOUT... *rien*, le peuple moralement, physiquement, financièrement plus appauvri qu'en 1710 et 1819. Malgré ces prédicants et leurs patrons, la France respire à l'aise, vit de sa vie normale, triomphe sur le Mincio et sur la Moulaïa, développe gaillardement ses activités, accroit son bien-être et son influence, se confie doucement à cette divine Providence qui (après avoir autrefois placé dans le tombeau napoléonien un germe de vie dynastique) a montré calme à Solferino sous la mitraille Napoléon-Trois naguères miraculeusement conservé debout, intact, au milieu des morts et des mourants, près de ses assassins étrangers que leur propre sang marquait au front, d'un sceau réprobateur.

A l'indifférence du pays, à l'attitude sévère des populations que le parti royaliste-ultramontain voudrait travailler de vagues inquiétudes, au silence unanime gardé par les journaux non-ligueurs sur l'hosanna capétien entonné à-propos d'une visite en contrebande couarde, l'on peut apprécier si les Erostrates politiques de l'Emigration-blanche se disputeraient inutilement le criminel honneur de mettre quelque part le feu aux poudres.

Déjà, malgré la jactance de leurs affidés, l'on reconnaît l'accent incommutable de la poltronnerie dans le ton de leurs menaces ; eh! parbleu, qu'importe que le Comte de Chambord ait passé une nuit en d'affreuses transes à Montauban ou à Pézénas, si la conquête des Gaules qu'ils devaient essayer crânement leur semble moins facile et nécessairement ajournée à des temps plus prospères pour ces Croisés dégénérés se battant volontiers.... par procuration, s'alignant..... mais comme appoint de l'étranger et en guise de petite monnaie d'un..... *homme*..... qui leur manque toujours?

« *Nullum majus boni imperii instrumentum quàm bonos amicos esse*... » : Oh! je vous en prie, regardez-les sérieusement ces Titans sans force et sans bras... du Roi... d'Arnheim ; vous ont-ils l'air de vaillants gars au dévouement efficace, capables de se contenir et de gouverner une armée révolutionnaire du crime, de mettre une force et un système équipollents à la place des Institutions-Impériales qu'ils auraient supprimées, de défendre nos femmes, nos filles, nos foyers, nos temples des arts, nos églises, contre les brigands prêts à se ruer, par la trouée des *Blancs* leurs victimes désignées, au sac de la société, tirant à l'habit, éventrant le propriétaire, voulant manger du curé rôti?...... Non, certainement ; non : Gardes-du-corps de la cour du roi pétaud, hères démolis ou cachectiques, courbés sous le bagage d'idées rétrogrades et de plans ultrà-vengeurs, toujours préparés et point aptes à l'escalade pour remonter au pouvoir, toujours à l'affût d'une occasion de rentrée-en-scène sur les ruines de la patrie, en mendiant un Moreau, en achetant un Marmont, en grisant de rage et d'envie un Bernadotte, un Saint-Priest, un de Pradt, ils portent empreint sur tout leur être le pressentiment d'une héréditaire nullité, d'une incapacité absolue, valets souples, courtisans dangereux, soldats indisciplinables, usuriers à l'âme de fer. S'ils ont sur les lèvres le sourire narquois de l'ange rebelle, le malaise de ces turlupins à bout de répertoire ironique trahit les souffrances d'anges à jamais déchus. Pour une poignée qu'ils survivent, soit machinateurs des hontes et des humiliations de 1815, soit conseillers ou ordonnateurs de ces attentats contre la conscience humaine qui firent reculer Royer-Collard jusques dans le camp de la Révolution, soit héritiers d'impurs bénéficiaires de notre supplice d'une double invasion conspirée par eux, peuvent-ils aujourd'hui, disséminés à l'étranger ou sur le sol entier de la France, croire qu'à force de s'agiter ils troubleront notre repos? « *Nimii verbis* » !.... ; que demain le magnanime Souverain qu'ils appellent *Monsieur Buonaparte* leur retire sa main protectrice, et ils seront broyés, ils auront vécu, ou.... chassés de rivage en rivage, ils verront, comme autrefois leurs devanciers en complots parricides, cette affiche placardée aux poteaux-limites de chaque Etat : « Ici, les Emigrés et les mendiants ne sont pas tolérés. ».

Si donc, comme ils le brament avec une affectation présomptueuse, ils veulent le règne des lois, la paix de l'Europe et de l'Eglise, le terme de toute immixtion révolutionnaire dans les choses qui sont exclusivement de l'autorité religieuse, — avant d'organiser le désordre, avant de lui ouvrir leurs salons, leur épargne, leurs bras, leurs chapelles — qu'ils se demandent de sang-froid :

D'abord, au profit de qui ils se feraient les artisans d'un mouvement d'en-haut combattu par les entrepreneurs de tous les mouvements d'en-bas, Orléanistes, Libéraux de toute fécule, Rationalistes de l'Athénée et de la Taverne, Indépendants, Démocrates-Quakers, Terroristes automatiques, Socialistes, et surtout par les forces savamment combinées du grand parti impérialiste cette synthèse majestueuse de plusieurs millions d'hommes ?... ;

Ensuite, car en politique le quart-d'heure de Rabelais c'est la liquidation du lendemain de la victoire, quelle main plus ferme que celle de Napoléon-Trois pourrait mieux assurer à la France marchant dans la lumière de Dieu et les traditions du premier Empire, l'apaisement des passions de la partie abrupte et inepte de la population des grands centres industriels et matérialistes, la modération dans la force, la consolation des ambitions trompées, les déférences de l'habileté pour les conseils judicieux de la véritable opinion publique, la prépondérance d'une politique chrétienne et française ?...

Mais l'Empire n'a-t-il pas sa garantie dans l'intérêt général, ses racines dans les cœurs honnêtes, son appui dans une armée toute d'élite et dans le patriotisme des travailleurs qui environnent d'égards touchants nos Médaillés de Sainte-Hélène,

Les Nestors de nos camps, vaillants hommes d'épée
Comparses fabuleux de l'immense épopée
Qui jadis se fit chair dans le Verbe-Empereur,
Nos Comines touchants d'homériques batailles,
Amphyons dont la voix abaissait les murailles
Devant leur Chef-triomphateur.

L'Empire ne s'est-il pas montré fidèle à son origine ?.... Partout, les Electeurs sont laissés à eux-mêmes.

L'Empire n'est-il pas resté pur d'exagération de son principe ?... Ecoutez donc ce que l'Europe dit des délibérations du Conseil-d'Etat, du décret d'Amnistie, de la loyauté et du génie d'un Ministère qui n'est au-dessous d'aucune tâche de la sagesse, de l'éloquence, de la vertu.

Loin de les embrasser en « Roi-de-Laon » ou à la façon de

Louis-Onze, l'Empire n'a-t-il pas tenu à l'écart ces flaireurs de temps les médecins-consultants obligés des pouvoirs qui s'usent et dont ils hâtent l'enterrement. Le clergé honorablement maintenu est traité avec une juste mesure entre la rigueur et la faiblesse. La pâteuse faconde de l'Ecole piétiste-doctrinaire se débite avantageusement.... à Genève, s'il vous plaît.

L'Empire a-t-il reculé devant un embarras dolosif?... Sir Cobden rappellera demain le vers :

« Jean s'en revint comme il était venu » ;

hier, le Gouvernement triomphait ingénieusement d'une spéculation qui avait porté à un taux excessif le prix du signe monétaire, du cuir, du drap, des denrées alimentaires, du bois de construction, du fer etc.; on le voit présentement, sans bruit, sans lésion d'aucun droit acquis, avec une fermeté paternelle envers les régnicoles, avec la dignité de la victoire devant nos rivaux, mener à bien :

— La question humanitaire des obligations des concessionnaires de mines envers le public consommateur,

— L'affaire, sublime de sentiment quant à sa conception, sublime de simplicité dans ses moyens sagaces et prudents, de la conversion des immeubles des hospices en valeurs mobilières qui n'a rencontré d'opposition que chez les partisans de l'extension indéfinie de la propriété de main-morte ce fléau de l'arrondissement de Lille hérissé de couvents de trente-neuf ordres divers, promptement enrichis,

— La libération de l'Italie régénérée de la servitude allemande,

— Le procès soulevé par l'orgueil britannique contre les intérêts européens de la canalisation de l'Isthme de Suez,

— Le règlement équitable de la succession éventuelle de l'Empire Ottoman qui se meurt, qui est mort.

L'Empire a-t-il failli à aucun devoir d'honneur, a-t-il cédé à aucune pression d'où quelle vint ?... Voyez la date du Traité de Paris, et l'arc-en-ciel tricolore salué avec enthousiasme chez les Monténégrins et dans la Baie d'Algésiras, dans la Mer du Sud et sur les côtes de l'Abyssinie où l'acquisition de l'Ile de Massouah offre la plus plaisante réplique à la saisie un peu boucanière du Périm. Quant à l'intérieur, si la glorieuse Dynastie des Bonaparte sert de refuge à tant de personnes ses adversaires inconséquentes ou ses clientes subitement hargneuses de 1851-1852, ses harceleuses aux quémandes indiscrètes tôt après l'octroi de faveurs à peine espérées, toutes oublieuses qu'elles Lui doivent beaucoup, n'est-ce point parce que cette Dynastie, admirable en ses généreux manques de souvenir, a appris tout ce qu'il Lui importait de savoir pour vouloir et agir conséquemment à l'initiative providentielle du Deux-Décembre ?... L'Empire n'est-il pas la source continue d'une véritable grandeur à laquelle notre siècle n'était plus habitué, grandeur avouée par l'Europe entière, grandeur dont l'évidence aiguise les jalousies germaniques qui mésusent du Légitimisme incarné comme d'un Triboulet, grandeur qui saisit au vif Albion dans l'épouvante de ses remords et la fait frissonner bilieusement dans la candeur de son égoïsme abasourdi par cette goguenarderie du destin : « *Trop tard, toujours trop tard, John-Bull !* » ? La montre de l'initiative française n'avance-t-elle pas constamment sur le temps moyen des cabinets diplomatiques des deux mondes ?

Cupides adorateurs d'un symbole décrédité et d'idoles vermoulues trois fois jetés au feu du courroux national, courbez donc le front devant la majesté du trône impérial pour la révérer. Ecoutez cette parole de l'un des vénérables Doyens de l'Episcopat français, Monseigneur l'Evêque de Chalons-sur-Marne : « *Dieu est avec Napoléon ; donnons-nous tous à l'Empereur.* ».

Entendez la voix d'un vertueux émule de Fénélon, Monseigneur l'Evêque de Cambrai, prélat au cœur si éminemment apostolique : « *Il n'y a plus que deux camps possibles : d'une part,*

» *les honnêtes gens qui servent Dieu avec sincérité ; de l'autre,*
» *les assassins et leurs instigateurs !* »

Voulez-vous donc l'ordre plus et mieux que tant d'autres princes de l'Eglise de France ou que ces prédicateurs aimés et bénis qui tiennent les illustrations du pays attentives au pied de la chaire sacrée?... Catholiques et monarchistes inconséquents, dites, que faudra-t-il, pour calmer votre irritation, pour calmer et fléchir votre superbe entichée d'une race usée comme les Carlovingiens, pour vous ramener dans le courant sage et vrai de l'opinion, pour vous détacher d'inciviques parades appelées par vous — : en France, « des affaires de cœur, étrangères à la » politique et à l'autorité impériale » ; — et, outre-Moselle, outre-Escaut, « des défis à l'Empereur, au TYRAN... » ?,... si dès maintenant vous persistez encore à nier le miracle quotidien qui conduit le vaisseau de l'Etat, sans troubles sérieux, glorieusement, sur cette mer semée d'écueils contre lesquels votre Restauration est aveuglément venue se briser et où vous-mêmes, naufrageurs impitoyables, aviez cru vous partager les débris de l'Empire nouveau.

L'histoire le constate, le propre des tentatives des Prétendants est d'influer sur l'état des choses et des esprits, quelquefois même l'un et l'autre. Toutes celles qui ont eu lieu depuis soixante-dix ans, ont différé de mine. Il y a surtout un contraste frappant entre la traîne des Bourbons dernier enjeu de l'Europe contre nous, et le prodigieux Retour de l'Ile d'Elbe.

En 1814, à Vesoul, un personnage mystérieux, sans cocarde et sans épée, se disant : « *Monsieur*, frère du Roi, né Bourbon, Prince français, Comte d'Artois », inconnu pour les jeunes générations, se glisse à l'extrême arrière-garde russe dont il sollicite humblement, petitement, la protection, dans l'attente fiévreuse d'une conférence avec un sieur de Vitrolles courrier de conspiration expédié de Paris par des émigrés rayés et amplement refaits : — Coriolan... moins le courage !..., nous parlons de *Monsieur*.

En 1815, sur les rives du Rhône, le Consul de Marengo, l'Empereur d'Austerlitz, descend des Alpes comme du Thabor de sa gloire. D'un regard paternel, il illumine les âmes françaises du feu de son génie. Il a pour garde la reconnaissance du peuple et le magique souvenir d'un règne sans rival en grandeur. Comme à Lodi, il marche au pas de charge de la victoire. Au tonnerre des cris de : « *Vive l'Empereur !* », il a franchi le pont de la Guillotière : *Cùm Jove Cœsar adest.* Du droit de la vertu, il fascine, il domine, il exalte les populations qui pleurent d'admiration et d'allégresse. Les jeunes Lycéens et les vétérans mutilés sont à genoux devant le Dieu de leur amour, devant le héros qui fait redire aux mères : « *Beata viscera quæ Napoleonem portaverunt...* ». Pauvres, riches, commerçants, agriculteurs, citoyens, soldats, tous donnent en plein dans cette conspiration de la vénération et de la plus sainte espérance. Sur un signe de l'Empereur, un torrent de deux millions d'hommes s'élancerait sur les pas de Napoléon qui s'arrête peu, car Paris l'attend ; mais une ville qui se souvient toujours a recueilli ces mots partis du cœur de Sa Majesté bénie son bienfaiteur et le nôtre : « *Lyonnais, je vous aime.* ».

Nos lecteurs savent par cœur la lettre admirable écrite à S. A. I. le Prince Jérôme, du palais de l'Elysée, le 2 décembre 1851, deux heures du matin, par le magnanime auteur de notre second et plus périlleux *Dix-huit Brumaire.*

Un ex-beau de Lille dont la fatuité est entretenue par les flatteries de femmes habituées à l'aimer plus pour elles-mêmes que pour lui, s'est usé au métier de galérien que ces dames lui imposent. Indisposé, il recevait récemment les doléances d'un visiteur son rival sonnant la retraite avec la plus scélérate bonhomie ; « Que veux-tu ?... (dit-il à ce double ami)... la gloire a quelque » chose de vénéneux comme certaines fleurs des plus éclatantes... ». — Ah ! baste, « (fit l'autre) » console-toi, tu ne mourras pas empoisonné. » — Que M. le Comte de Chambord s'applique tôt la morale de cette historiette.

*

Les tentatives de la petite coterie bourbonnienne ne causent pas plus de sensation que ne ferait, à bord du vaisseau-de-ligne *La Bretagne*, le cri d'une mouette. Elles avortent dès leur éclosion. Même à l'heure d'un succès tout local et éphémère, elles apparaissent petites et mesquines comme les cancres qui les bâclent, conquérants.... de Verdun.... à la suite d'un Roi de Prusse, conquérants.... de Paris.... à la suite de l'Europe coalisée, vassaux du Tzar, bohêmes de la diplomatie, blêmes adulateurs de Wellington, condamnés à se reconnaître dans leurs affreux portraits signés de Dupaty (1), vendeurs de l'honneur et du sol sacré de la France avec le désouci d'ignobles maquignons, vaincus depuis la Bastille jusqu'au Manoir de la Pénissière, dispersés en 1830 dans le parc de Rambouillet comme (quarante ans auparavant) au camp de Jalès et dans les plaines de Valmy, ne sachant que rarement mourir pour la Monarchie et jamais vivre pour elle, toujours prompts à l'appauvrir, à la dévorer, à la prostituer à d'indignes vengeances ; nobles ou vilains ramassis de brouillons bavards et présomptueux, la « *novercula multitudo* » de Tacite et de Plaute, fesant de l'histoire.... dans le goût du Journal l'*Union*, vrais et infaillibles.... comme la *Gazette de France*, braves... comme dix Montalembert, spirituels... comme Cottu, Bergasse, Madrolle et les goinfres de petits journaux rééditeurs de lazzis autographiés ; médiocrités ignorantes pour qui l'imbécile ministre Ferrand *de la ligne droite* vaut deux fois le grand Richelieu, le Bourmont de la Sambre.... un Turenne, aour.... un Séraphin, le Polignac de 1830 un Archange ; tou- amis, complices, pensionnaires du Drake, du Pichegru, du de leur temps ; toujours panégyristes des anciennes *Drag nades* comme d'une époque glorieuse que Fénélon et Saurin se s efforcés de calomnier, enfin appelant la dégradation de la Dubarry le règne des bonnes mœurs mal-apprécié avant l'impartial Capefigue.

(1) Poëme : Les Délateurs.

Et les représentants de semblables traditions pourraient déterminer un grave ébranlement ou même le plus petit *tremolo* de l'Empire?... Non. (1)

Ils pourraient produire quelque chose de hardi, de fort, de généreux?... Non.

Et le pussent-ils.... demain, ils ne le voudraient plus : ils songeraient que, dans nos campagnes couvertes d'un linceul hyémal de neige (quand ils ont poussé en avant, au plus fort de l'attaque, les plus mièvres de la bande) les vieux loups passés maîtres en dévastation leur disputent la lippée, et, du droit des plus grosses dents, s'adjugent les plus gros lopins de la proie commune. Si étourdis qu'ils soient, si haîneux qu'on les dise, les fils des gentilshommes qui abandonnèrent leur Roi pour la folie des Condé, ne voudront pas dépasser les fautes, les crimes dont Coblentz fut l'époque, le foyer et l'arsenal; ils ne descendront pas au rôle de chacals du lion révolutionnaire cherchant une proie. Peut-être, les pires hurleront-ils?..., mais ils ne mordront pas. Ils complotent, mais ils comprennent la glorieuse transfiguration de l'armée impériale et ils ne tenteront pas sur elle le crime de Cham ou de Caïn. Ils improvisent plus ou moins violemment des mots pimentés d'ironie, mais ils sentent que la grandeur de l'Empereur Napoléon-Trois reluit sur tous les fronts, tandis que, pour le monde intelligent comme pour le M. Boisjoli de la Fanchonnette, « *la noblesse*, » *c'est.... eh! parbleu, c'est la noblesse.* ». Ils fredonnent des couplets détestables... payés beaucoup plus que leurs faiseurs ne valent, mais ils courent à Cherbourg applaudir à une réparation nationale, au plus magnifique triomphe d'une Dynastie éminemment française qui dispose aujourd'hui du collier de force de l'Angleterre et d'une flotte de haut-bord armée de quatre mille cinq cent soixante-trois canons, non-compris les frégates et le reste ; l'on a même vu de ces Messieurs à Magenta,

(1) C'est aussi l'opinion exprimée par M. de La Rochejaquelein dans sa lettre à un Journal de Paris — 15 novembre 1859.

Auprès de l'Empereur qui jamais ne recule,
Auprès de cette Garde où tant d'honneur circule
Dans les crises de la valeur.

à l'exception de quelques Maisons titrées en immémoriale possession du privilége de fournir les favorites et les sigisbés de l'Hôtel-Saint-Paul, du Louvre, du Trianon, nos Jacobites se transforment en Tories, nos Guisards se feront les puritains du Bonapartisme. La fraction même la plus rancunière des fantasmagories monarchiennes finira par désarmer : M. Jules Janin le lui conseille dans ses « Etudes sur Horace (1) » ; et vraiment, pour elle, il y aurait ineptie à ne point prendre une place débonnairement permise au banquet de la félicité publique.

Voyons plutôt.

Après s'être tourmentés (depuis 1789) à vouloir remonter l'indomptable torrent des idées et des âges,

Gens de congrégation, de chouannerie, d'intrigues de tous les centres aristocratiques allègres aux fraudes et aux violences,

Intrigants affamés d'honneurs, de places, de biens immeubles et d'acquits-au-comptant, d'influence à faire fructifier,

Courtisans à livrée grande ou petite, brisés des prosternations de leurs caravanes anti-françaises,

Seigneurs opulents par les aumônes royales, les parts de fonds secrets, les charges de la Cour, les pensions imméritées, les sinécures inimaginables, les pots-de-vin multipliés, etc., etc.,

Se sont donné la main ; tout le parti a marché comme un seul homme.

Qu'a-t-il fait ce parti ?

Trois fois ses exigences et ses sottises l'ont jeté sur le chemin de la France indignée, et toujours il a fui devant elle. Trois fois il a armé la valeureuse Vendée et il l'a abandonnée à l'heure de la lutte. Il paradait sur des rives étrangères, quand des hommes

(1) La Revue Européenne Livraisons des 15 octobre et 1er. novembre.

déterminés lui demandaient un chef.... à l'intérieur. « *Servorum* » *manus subitis avidæ.* » : en 1814, dès-qu'il a envahi les Tuileries étonnées, il célèbre la crémaillère de M. de Bruges par une dilapidation, par un vol dont Calonne lui-même se serait scandalisé. Il abandonne les gages de la France, même avant la signature de traités dont le cauchemar nous accable encore. Il mutile notre histoire, nos monuments, notre territoire. Il s'ingénie d'avilir l'Ordre de la Légion-d'Honneur. Il exaspère les répugnances du pays qui acclame le fameux « *Mémoire au Roi.* » : les pieds sur des abimes dans les larmes et le sang, la Convention avait paru, la tête dans les cieux, poussant d'un même doigt aux honneurs, dans l'exil, au gibet, au Panthéon, des victimes prédestinées, de généreux champions, de stoïques martyrs, des défenseurs imprudents, des illustrations arrachées de son sein; éveillant en tous lieux l'horreur et l'espérance, elle avait laissé, sur de vastes ruines, d'épouvantables témoins de son sauvage orgueil; ses saints.... patriotes étaient chargés d'une éternelle exécration; mais la Convention avait rempli son œuvre, son mandat social; elle avait sauvé l'indépendance nationale; et voilà, pourquoi, en 1814, le sentiment de ses horribles exécutions s'atténue, se perd, s'efface, en présence d'une royauté vassale de l'étranger, fière des fautes qui la rendent misérable, coupable surtout d'un excès le moins pardonnable devant Dieu et aux yeux d'une nation qui se respecte : — la ruine du principe d'autorité. Or, ce crime de la Restauration n'est plus nié, n'est plus niable : la République de 1848 est la fille bâtarde des Bourbons. En 1815, l'ingratitude de la Cour était proverbiale : aucune chaumière, même en Vendée, n'avait été relevée... *par ordre*, quand se leva le soleil du Vingt-Mars ; en exécution du testament de l'auguste Martyr de Longwood, l'Empire nouveau a, le premier, songé à fermer les sacrées plaies du patriotisme des Vosgiens et des Champenois... ; MM. Conneau et Peupin en ont pleuré !

Bientôt, le Légitimisme inonde encore nos remparts de nos

ennemis ses amis, et il les encourage à insulter, à dépouiller, à rapetisser, à voler la France. « *Accendendo bello civili acer, tem-* » *perandæ victoriæ impar.* », l'or ne lui suffit plus, il faut du sang au Légitimisme, et cette bête féroce s'en rassasie longuement : elle abuse du barbare servilisme d'assassins juridiques blasonnés, d'une Terreur blanche, de sicaires guidés par Trestaillon et Truphémy, de pourvoyeurs de bourreaux : Canuel, Despinois, Bellart et pareils. Les glorieux capteurs d'Ulm et de Magdebourg, les vainqueurs d'Iéna, de Wagram, de Bautzen, sont appelés « des Brigands de la Loire » qu'il est pie et méritoire d'égorger : et l'on en égorge, l'on en traque sur tous les chemins de l'exil, l'on en détrousse jusqu'au Texas après violation et destruction du « Champ-d'asile. » ! Viennent les lois contre la nouvelle armée déjà... épurée... dix fois, contre le Jury, contre la Magistrature, contre les Electeurs, contre les *Goguettes*, contre la Nation entière ; Odry est emprisonné pour un calembourg. Le Légitimisme triomphe : il a des Chambres méprisées, une Administration sans foi, des Ministres inexorables ; M. de Marchangy, ce Marat des parquets, a demandé quatre cent mille têtes ! La *Quotidienne* est l'oracle d'une clique perverse qui a corrompu, troublé, menacé, irrité chaque famille. La France entière laisse voir son formidable dégoût, et le Pouvoir n'en tient compte : le Roi chasse ; l'Emigration déjà repue s'assied au banquet du milliard-d'indemnité ; les historiographes de la Cour lui choisissent des titres fastiques hors de tout parallèle —

» La Guillotine ambulante sur le Rhône.
» La Cuisine de M. Piet.
» La piété des Trois-Cents.
» Le Miracle d'un 29 septembre.
» La Croix de Migné.
» Les Mystères des nuits de MADAME (ROSNY, 1824-1830.) —

Enfin, le Légitimisme joue son *va-tout*, le pied lui glisse sur d.

monceaux de cadavres ; il tombe sans dignité, sans éclat, sans trouvaille d'un seul ami vrai ou d'une seule Magdeleine titrée qui accourent soit en armes soit avec des parfums sur la voie d'un exil final, sans legs ultième de souvenirs autres que ceux d'une famille fricotant solennellement d'étape en étape et requérant (pour son service d'un jour) douze cents serviettes, à Valognes, à sept lieues de Cherbourg ! Est-il besoin de dire que, le lendemain de la mangerie bourbonnienne, les larmes dépitées, amères, inféconde de la vieille royauté offraient la parodie du sublime drame des Adieux de Fontainebleau...?

Ce n'est pas tout : depuis 1830, le Légitimisme a jeté des charlatans dans les sociétés-secrètes, dans les confréries de pénitents de toutes couleurs, les loges, les ventes, les clubs. Il a versé de l'or dans des milliers de mains préparées aux forfaits par l'abjection. Il a organisé un petit bout de guerre civile partout où elle pouvait prendre, notoirement à Lyon et à Paris. Il a fourni de la poudre à Mandart et à Bouillot à peine graciés par décrets impériaux. Il a trouvé un Dom-Quichotte flamboyant et un lamentable Jocrisse pour la Direction des Journaux qui présentement méditent et raisonnent sérieusement ou les plus folles billevesées ou les contre-vérités les plus scabreuses. Il a embusqué, dans la petite presse, des langues dévotes et salées de flagellants, des tapageuses excentricités de la pochade, des gredins qui assassinent poliment à coups d'épingles, des rapins qui (désespérant d'atteindre le pouvoir à la tête) lui alourdissent les bras d'ignobles caricatures contre l'armée, des spadassins du plumitif, des pitres à la gouaille avant-courrière du meurtre, des procurenrs-généraux de la lanterne monarchique, enfin d'élégants vauriens dont les capitaines attendent dans les tripots des *Eaux* l'ordre-du jour du banditisme royaliste. Il a permis des crimes, il en a ordonné. Il a semé des haines centenaires. Il a prodigué le blâme et l'injure à ses adversaires. Il a propagé mille fausses alarmes : nous l'avons vu s'efforcer, dans une publication tuée sous l'ignominie de ses rédacteurs, d'étouffer au fond du cœur des ouvriers lillois le cri de « Vive l'Empereur ! », par l'évocation du spectre de la famine à la porte des ateliers. Il a forgé des termes nouveaux d'outrages sans prétexte contre une femme, admirable assemblage des graces et des vertus de son sexe, une pieuse Souveraine appelée « l'Ange » des malheureux », notre Impératrice EUGÉNIE dont le courage a étonné l'univers (14 Janvier 1858). Le Légitimisme a osé se dire le possesseur unique de la science des fins de la société, le maître de la conscience de la France qui l'a reconnu, désavoué, conspué dans les déplorables excès de Mandements que le ridicule sauve de la haine universelle. Il a tenté de pervertir une nation délicate et sensée, en donnant le caractère de sacriléges mascarades à des fêtes religieuses au milieu desquelles la Monarchie... selon Louis-Quinze.... filoutait une apothéose blasphématoire : ainsi, pour ne citer qu'un fait entre mille, en 1854, une figuration — vivante ou modelée?... — de la Reine des Anges, Sainte Mère du Christ, Vierge très-pure, devait, digne bouquet d'artifices légitimistes, dominer et clorre la procession du Jubilé séculaire de Notre-Dame-de-la-Treille, du haut d'un char constellé des Fleurs-de-Lys d'or polluées de siècle en siècle, de règne en règne, avant et depuis les Valois jusqu'à l'emport des dernières... fées de Versailles dans le tombereau de la guillotine *expiatoire* (1) ; mais, dans cette occurrence, le Légitimisme s'est meurtri dans un heurt contre le sentiment pudique des masses : « *Who ?.. we do known,* » *we can say for and by.* ». Aujourd'hui, il est si bien tué par le mépris général que son drapeau se déploie impunément comme une antiquaille insignifiante, une friperie chronologique, dans des fêtes artistiques dont les acteurs les plus applaudis sont forcés de s'avouer que le public loue leur bon-vouloir charitable et la splendide fidélité de leurs costumes, sans abdiquer aucunement ses dédains, ses antipathies, pour la plupart des personnages historiques représentés.

(1) L'épithète est de J. de Maistre.

Sans doute, un tout autre résultat est ou a été recherché par certains entrepreneurs de commémorations machiavéliques et prédications pantomimiques du vieux servage monarchien, par ces lanceurs de projets d'exhibitions historiques humblement recommandées (la veille) à la tolérance du Gouvernement impérial comme insignifiantes au point de vue politique, insolemment exaltées (le lendemain) comme autant d'ovations de leur parti? Sans doute, des espérances d'un bouleversement social « imminent » sont perfidement entretenues dans plusieurs rudes manoirs de l'Ouest, sur un coin de falaise normande, au milieu d'un ou de deux cantons gascons, vers quelques Thébaïde flamande, par des distributeurs de médailles séditieuses et de complaintes imprégnées d'odeur de sang :

« Si notre Henri-Cinq revenait,
» Que de têtes l'on couperait !... » :

pour quelques gens de loisir dont la fastueuse bienfaisance opprime et corrompt la misère de leurs redevanciers, vivre c'est nuire?... Sans doute — et les commentaires fougueux de lettres épiscopales au moins inopportunes autorisent cette conjecture — l intelligence de quelques jeunes écoliers est égarée dans la voie d'études malsaines, par une fraction presqu'imperceptible, peu éclairée, peu disciplinée, fort-marchande de soupes, fort-remuante du clergé français qui a ainsi sa plaie : « *Avarus et » ambitiosus nunquàm dormiunt.* » ? Sans doute, si la France abandonnée à un système de bascule allait se laisser berner au point de ne plus tenir le Vatican dégagé des pressions de la politique autrichienne, celle-ci se hâterait de nous servir le dessert de ses dîners à M. le Comte de Chambord : elle emprunterait la grande voix de Rome pour raviver chez nous de vieilles dissensions; la « Poste aux Curés » serait doublée ; l'olygarchie galvanisée se releverait entourée des impurs débris des anciennes bandes d'une dixaine de paroisses.... au plus ; mais, nous n'en sommes pas là, et nous pouvons dire : « *Longè nostris ab hostibus* » *salus*... ». Nos flottes offraient, hier, un pont solide sur la Méditerranée ; pour nous, il n'y a qu'un pas de Toulon à Civita-Vecchia ; et l'Aigle Impériale irait d'un vol hardi « au-dessus des plaines qui redisent sa gloire » saisir les clefs du Tyrol et des Alpes Noriques, et briser le joint artificiel des nationalités distinctes enchaînées malgré elles au cadavre désargenté de la Maison de Habsbourg. Les éléments manquent en France pour une situation qui ressemblerait à celle que rêvent certains voltigeurs retardataires de l'ancien-régime : l'analyse du Légitimisme n'est plus que la monographie d'un fossile ; les manifestes d'un Coblentz seraient incompris ou rejetés avec dépit ; le Clergé « chante à pleine bouche » (comme dirait Vaugelas) le « *Domine Salvum* » entonné devant l'Empereur salué avec des larmes d'une joie sainte ; respectés et passionnément français, nos ecclésiastiques se raillent doucement des « *blancs* » comme des ânes du faux et vicieux libéralisme ; enfin — car nous pouvons dire toute notre pensée, graces à notre indépendance de toutes coteries, graces surtout à notre écart des faveurs sous tous les régimes — nous avons vainement cherché, dans les ordres religieux, des ennemis de l'Empire ; nous n'avons rencontré que des philosophes chrétiens, des prêtres pieux, de généreux citoyens exacts à tous les devoirs de leur état, doux et humbles de cœur et ne justifiant que par d'admirables vertus la haîne que leur portent les fauteurs du désordre et de l'iniquité.

Que le Prince du passé fasse donc dresser la feuille-d'appel de ses fidèles ; qu'il en constate l'effectif réel, décis, disponible, dévoué sans conditions ; qu'il y adjoigne les quelques carrossées de pétulants damoiseaux, fanfarons de guerre civile, rares lézards d'une royauté sans terre et sans lustre ; qu'il y ajoute encore le chiffre du troupeau d'idiots présentés à Arnheim par des propriétaires, pour la parodie sans danger d'une prise-d'armes ; qu'il considère ensuite l'énorme responsabilité d'une échauffourée qui aboutirait à la révivification de haînes exigeant des représailles sans répit et sans terme ; alors, Monsieur le Comte de Chambord se hâtera d'éloigner de sa personne des Condottieri de théâtre, des chouans vétérans du crime, une camarilla dérision de la fidélité, une besoigneuse cohue de gentillâtres véreux et point sûrs.

Veuillez m'en croire, MONSEIGNEUR, — l'on vous trompe sur la présente transformation du pays qui vous souhaite loin de lui, loin de ses frontières, dans l'intérêt de la paix publique et de votre quiétude personnelle, afin que nul ne songe à exploiter votre infortune. Dans la France de 1859, dans la France dont les yeux et les cœurs sont aujourd'hui tournés vers Napoléon-Trois, il y a vingt millions d'âmes qui ne savent de vous... . rien pas même le nom, de votre famille.... que peu de chose : quelques vagues versicules de son Odyssée, deux ou trois passages tragiques de sa déplorable histoire; pour plusieurs millions de nos concitoyens, vous êtes un objet d'invincible répugnance, le représentant d'une famille d'Atrides impurs et iniques, un ennemi-né ; enfin, parmi des patriotes énergiques la haîne de l'ancien régime qui se personnifie en vous, c'est la vie du citoyen, et ils requièrent de leurs fils le même serment que prêtèrent les hommes de 92, promesse d'Annibal, résumé exact quant à vous des sentiments presqu'unanimes du pays. Ce que MM. Mongis et Belmontet ont écrit est l'étude la plus fidèle de nos mœurs : donc, le peuple entier qui s'admire et s'acclame dans son Souverain l'arbitre de l'Europe, le peuple qui chérit ses deux plus grands poètes, demeure l'adversaire résolu, consciencieux, immuable des prétentions qui sont ou qui seraient placées sous la protection de votre nom, comme si la philosophie de l'histoire ne l'avait pas dépouillé de ses prestiges, comme si la philosophie du droit n'avait pas consacré triomphalement dans le suffrage universel la pierre angulaire de nos institutions politiques. Charmés des glorieux souvenirs dont l'évocation terrifiait les Bourbons d'Outre-mer, charmées des prodiges éclos chaque jour sous la main, à la voix, sur un signe de Napoléon-Trois, nos populations apprécient sainement où les mène l'Empereur; elles marchent de son pas; elles veulent ce qu'Il veut : l'âme de Sa Majesté bat dans toutes nos poitrines; jamais la nation ne croira trop payer en dévouement et en reconnaissance les bienfaits de son Chef adoré.

Au contraire, Monseigneur, ce que veut votre parti est tellement incompatible avec l'honneur français, avec la raison de 36 millions d'âmes, avec les mœurs et les instincts délicats de notre époque, que les journaux ligueurs n'oseraient l'expliquer nettement, que ses plus éhontés boute-feux se le dissimulent, que vous-même ne sauriez l'avouer : pour écouter et comprendre une pareille confession, fussiez-vous un Tibère, il vous faudrait un Séjan.

Le système-impérial est si honnête, si grand, si complet que les Messieurs de Nassau dont il vous a laissé et vous laisse l'hôte sans titre, car votre trisaïeul repoussait Edouard Stuart malheureux, tiennent à honneur et insigne gracieuseté leurs bonnes relations avec le grand Empereur des Gaules, tant la politique franche, ferme, conciliante, généreuse d'une Dynastie populaire attire, gagne, conserve les sympathies de l'intelligence universelle,... tant cette politique répond à un vœu pressenti au fond de toutes les questions agitées dans la France ennuyée de 1815 à 1849 :

« Il nous faut du nouveau, n'en fût-il plus au monde. » !

Renfermez-vous donc dans les horisons de Votre Maison finie et de votre personnalité fruste, dans l'austère silence qui sied à la splendeur éteinte; hors de là, M. le Comte, il n'y a plus de salut pour votre dignité : hors de là, vous retombez aux mains d'intrigants qui vous exploitent, qui pillent Votre Altesse lanternée de propositions subtiles.... comme des rêves; vous redevenez le paravent d'ambitions qui jouent à la chapelle. Plus vous étalez votre écu rouillé, plus évidente est la bonne fortune du Gouvernement qui (sans vous avoir rien ravi) vous annule.... par cela seul qu'il est, qui nous enthousiasme, parce qu'il a mis et met constamment de la force et de la grandeur précisément aux brêches de la faiblesse et de l'abaissement de votre race avant et depuis les invasions dont le Ciel évidemment a voulu la punir jusqu'à la dernière génération, car (si cousinage inquiet vous abonde) lignée consolante vous manque. Plus vous vous entourerez de vaines cymbales et de trompettes de scandale, mieux l'on vous verra seul, plus abandonné qu'OEdipe, n'espérant pas même une Antigone de la nombreuse parenté séparée de vous par ses convictions plus que par des abimes pour lesquels il n'y a qu'un pont : l'éternité. Dans cet isolement, acceptez et reconnaissez publiquement un avertissement du Ciel, un conseil de sage modestie. Et d'ailleurs, que vous reste-t il contre l'Empire qui, demain, n'a qu'à frapper du pied le sol sacré de la patrie pour lui donner deux millions de défenseurs affamés de gloire comme les conquérants de Sébastopol, de la Kabylie, de Milan, de Tourane, d'Ouchda?... Rien, Monseigneur!...; rien en vous-même, ni autour de vous, ni encore moins chez nous ; rien. Le mot est juste, s'il est dur,... et (en vous l'adressant) je vous donne tout ce que je vous dois, moi le fils, frère, neveu, cousin, des L'Oisel, des Eudes, des Milhaud, des Manhès, des Dallennes, valeureux tenants du premier Empire, — moi, Lycéen-Boursier de 1811, qui ai vu la Restauration passer sur ma famille comme un ouragan destructeur : je vous donne la vérité.

Créez vous une Salone fermée aux regrets inutiles et au regain d'ambitions criminelles : lisez là les « *Soirées de Saint-Pétersbourg.* » ; et vous vous convaincrez que De Maistre, s'il avait vécu le témoin des fautes de votre aïeul et de votre grand-oncle, aurait clos par un tout autre épilogue son apocalypse monarchiquement saupoudrée de paillettes d'érudition, car, il y aurait vu les prémisses irréfragables dont votre bannissement est la conséquence mystique, inéluctable.

Le 15 Juillet dernier, Votre Altesse a pu remarquer et apprécier le petit nombre d'hommes de cœur venus devant Elle seule, offrir un hommage désintéressé à la majesté du malheur ; entre vos visiteurs, il en est pourtant qui mériteraient d'être crus, s'ils pouvaient voir la France autrement qu'à travers l'infatuation de vos préjugés : ceux-là seulement vous offriront de suffisantes garanties de franchise et de perspicacité qui reconnaîtront sans ambages que, redouté à Vienne, bien-écouté à Londres, respecté à Berlin, estimé à Saint-Pétersbourg, modèle des Rois, espoir des peuples, Napoléon-Trois qui a achevé le Louvre et agrandi Paris, est uni par une filiale intimité avec le Saint-Siége qu'il défend et rassure, dont il appuie heureusement les bonnes intentions et les réclamations légitimes, qu'enfin la Saint-Napoléon est devenue une fête vraiment nationale.

Laissez-vous donc émouvoir au spectacle d'un peuple content des destinées qu'il a voulues. Donnez à la France la paix qu'elle vous accorde, nonobstant les folles manifestations de quelques ronds-points d'absurdités. De lumière ne devenez pas torche. Né... dans un palais, roi... dans vos salons, ne permettez plus que dorénavant l'on donne à votre conduite un caractère agressif, révolutionnaire, désorganisateur, antipathique à nos mœurs. Napoléon-Premier écrivait en 1806 : « C'est un sot personnage » qu'un roi exilé et vagabond. » : évitez ces incursions en France auxquelles le mauvais génie de quelques forcenés pourrait rattacher l'épisode d'un attentat. Ne rompez pas, en jacobin-blanc, la présente trêve de Dieu : querelleur, vous seriez honni ; colère, vous encourriez échec, mat et gêne ; violent, vous provoqueriez les haines qui vous atteindraient dans la chair de vos séides ; conspirateur, vous subiriez la loi du talion, la main-de-fer d'une justice inévitable. Laissez le temps dérouler les corollaires de plébiscites nationaux dont la sincérité et la pureté éclatent devant Dieu.

Il est vrai que l'ancien parti de votre famille a concouru à l'Election du Dix-Décembre 1848; mais ce concours tout volontaire qu'il apparaisse a eu lieu, malgré lui, non par choix mais nécessairement, dans un intérêt absolu — pour vivre. Le mérite de la résolution tient (MM. de Falloux et de Riancey l'ont avoué) moins à une sagesse réfléchie qu'à l'instinct de conservation départi à toutes les créatures : il dispense de reconnaissance. Cependant, en se vantant d'avoir réglé les hustings de par lui seul, ce parti commet une immense gasconnade réfutée par les faits : maître de la situation, pendant une seule journée... une seule heure, il se serait hâté de faire votre lit aux Tuileries, quand même vous lui auriez (en fait de courage et d'habileté) donné de votre personne l'opinion que Mirabeau professait sur Philippe-Egalité; vous deveniez inévitable. Une pareille question ne se discute pas; elle s'impose comme un axiome : votre intrusion aurait résulté d'une majorité royaliste, comme la parabole d'un boulet est l'effet d'un coup de canon. Il y a donc démence à obscurcir cette vérité constante que l'Elu du Dix Décembre 1848 n'a jamais appartenu qu'à lui-même; qu'il ne s'est jamais dit ni fait l'homme d'aucune faction; qu'il a vécu dévoué uniquement à la France, pur d'engagements avec une petite église remarquable seulement en raison de son isolement et de l'ardeur de ses prétentions chimériques. Vos féaux, Monsieur le Comte, rappellent étrangement la Grenouille de Phèdre « *novissimè indignata* » : sinon par leur abstention bruyante ou leur hostilité active, ils n'ont été pour rien dans les votes de 1851-52 dont la signification si nette présageait les triomphes napoléoniens du *Voyage en Normandie*, de la *dédicace de la Bretagne à l'Empereur*, du *Départ* du 10 Mai 1859, et du *Retour* célébré le 14 Août dernier.

Que ces gens-là vivent désormais émigrés à l'intérieur, faciles à compter,... qu'ils promènent hors de France leur quinteuse inutilité dont les aboutissants sont connus,.... que venus à résipiscence ils se mêlent aux affaires et prennent, avec la loyauté du bonsens leur part des charges comme des bénéfices de la société-française,... il n'est pas moins évident que sans eux, malgré enx, en dépit des partis extrêmes accusant le Clergé patriote de servilisme, nonobstant les Doctrinaires, les Présidentiels, les Orléanistes, le Coblentz-fleurdelysé, les Terroristes de Londres et la canaille révolutionnaire à leurs ordres, Sa Majesté l'Empereur Napoléon-Trois est devenu et demeure l'auguste personnification, la parole, le bras, l'âme de la patrie.

Méditez-bien l'enseignement politique renfermé dans cette expression de la volonté nationale affirmant, décrétant, consacrant l'Empire : — Suffrages : 8,000,000.

« L'anarchie est frappée au cœur :
» La France a vengé ses outrages
» Et huit millions de suffrages
» Ont sacré son Libérateur (1).

Méditez cette page impérissable d'histoire, en homme de sens, en chrétien digne, en Français qui tient compte de la raison du peuple, en gentilhomme qui veut le bien dans le domaine du possible.

Peu propre à la carrière des armes, aspirez à la grandeur par la résignation ; rappelez-vous que c'est par sa dignité dans l'infortune, que le plus célèbre Capitaine de tous les âges, le plus beau génie de tous les Souverains connus, Napoléon-Premier dont vous avez l'honneur d'être un peu cousin, a changé le roc assassin de Sainte-Hélène en un piédestal d'immortalité.

(1) Revue Européenne du 15 août dernier ; M. Mong's, le plus grand poète de la Magistrature dont M. Master (de Montpellier) est le plus grand orateur.

Lille, Imp. de A. Béhague, rue Neuve, 10.

www.ingramcontent.com/pod-product-compliance
Lightning Source LLC
LaVergne TN
LVHW020253230826
846091LV00006B/2395

9782012396883